SOCORRAM-ME
dos meus parentes!

SOCORRAM-ME dos meus parentes!

Luiz Marins, Ph.D.

editora HARBRA

Diretor Geral:	Julio E. Emöd
Supervisão Editorial:	Maria Pia Castiglia
Revisão de Texto:	Maria Lúcia G. Leite Rosa
Projeto Gráfico e Capa:	Paulo de Tarso S. de Almeida
Ilustrações:	Negreiros
Revisão de Provas:	Grasiele Lacerda Favatto
	Carla Castiglia Gonzaga
Assistente Editorial:	Mônica Roberta Suguyiama
Fotolitos:	Process Bureau de Pré-Impressão S/C Ltda.
Impressão e Acabamento:	Cromosete Gráfica e Editora Ltda.

Socorram-me dos meus Parentes!

Rua Joaquim Távora, 629
04015-001 – São Paulo – SP

Promoção e Editorial: Tel. (011) 5084-2482 e 5571-1122
Fax (011) 5575-6876

Vendas e Administração: Tel. (011) 5549-2244, 5571-0276 e 5084-2403
Fax (011) 5571-9777

ISBN 85-294-0234-0

Impresso no Brasil *Printed in Brazil*

"Dedico este livro a minha mulher Ana Cristina
e a meus filhos Aluisio, Túlio e Caio
por terem que aturar o mais difícil esposo
e pai que possa existir.
Dedico-o também a todos
os meus queridos parentes – vivos e falecidos –
que por serem tão ótimos e diferentes de todo o mundo,
não puderam servir de base para este livro...".

Conteúdo

Introdução

Um misto de amor e ódio

Este livro trata de parentes. Não há nada mais controvertido no mundo do que as relações de parentesco. A primeira coisa que nós, antropólogos, fazemos ao chegar em qualquer sociedade simples é estudar as relações de parentesco pelo método genealógico. Sem compreendê-las, é quase impossível entender totalmente aquela sociedade e suas relações de estrutura e poder.

O mesmo acontece nas sociedades complexas. Nascemos em uma família. Crescemos, com raríssimas exceções, no seio de uma família nuclear (pai, mãe, irmãos) e de uma família extensa (avós, tios, primos, genros, sogros, cunhados).

E, como diz o ditado popular:

Amigo a gente escolhe. Parente a gente tem...

De tanto ouvir histórias de parentes, resolvi escrever este livro, que trata do comportamento entre eles. Das agruras e das delícias do parentesco. Desse misto de amor e ódio que une os parentes. Ruim com eles, pior sem eles... Abraços no Natal e tapas no Carnaval...

Este não é um tratado de antropologia do parentesco. É apenas um conjunto de comentários e observações, histórias e casos envolvendo parentes.

É um livro para se divertir, se encontrar e talvez até para o leitor perceber que não está sozinho no mundo das relações cruéis entre parentes.

E como eu não poderia deixar de dizer
nesta introdução:

Qualquer semelhança com
fatos ou pessoas do mundo real,
terá sido mera coincidência...

e com parentes meus, terá sido erro de impressão...

Luiz Marins, Ph.D.

Capítulo I

A solução original: O parentesco nas tribos primitivas

Não quero aborrecer o leitor com a etnografia nem com informações sobre a antropologia do parentesco. Quero contar apenas algumas curiosidades etnográficas, para deixar claro que desde as tribos mais primitivas o problema do parentesco é sério, e tratado seriamente.

Fiz meu doutoramento em antropologia na Austrália onde estudei os aborígines australianos – o povo mais primitivo entre os primitivos contemporâneos – e que apresenta um dos mais complexos sistemas de parentesco. Cada aborígine é identificado pela sua família nuclear, pela sua linhagem e pelo seu clã totêmico. E o sistema de parentesco é classificatório, com os clãs exógamos, isto é, pessoas de um mesmo clã não podem se casar. Até as linhagens são exógamas. Assim, quem é do clã do Canguru só pode se casar com quem é do clã da Cobra e assim por diante. Já os filhos de um pai canguru (clã) com uma mãe cobra (clã) são classificados como Iguana (clã), que por sua vez só poderá se casar com alguém do clã do Emu, por exemplo, sendo seus filhos de um outro clã, e assim sucessivamente.

São trinta e duas subsecções clânicas somente na tribo que estudei. Cada clã tem o seu totem, suas próprias músicas e rituais. Tudo, enfim, é definido pelo parentesco. Mas, isso pode ser desinteressante para quem não é antropólogo. Quero apenas mostrar o quanto é complexo o sistema de parentesco entre primitivos.

Algumas curiosidades são mais interessantes de ser relatadas. Há entre a maioria dos primitivos o instituto da

"evitação".

Veja que interessante: para evitar contato muito íntimo entre parentes muito próximos e prevenir conflitos que seriam inevitáveis, alguns graus de parentesco não podem se falar diretamente. Eles se "evitam", obrigatoriamente. Assim, um genro não pode falar diretamente com seu sogro. Uma terceira pessoa precisa intermediar a conversação. Quando o genro quer falar alguma coisa para o sogro, ele se dirige a uma terceira pessoa que imediatamente repete para o sogro o que ele falou. E quando é preciso falar e não há ninguém próximo para intermediar, o genro não olha diretamente para o sogro. Olha para o vazio (como se tivesse uma terceira pessoa) e fala. O sogro espera um pouco (como se a terceira pessoa estivesse repetindo o que o genro falou) e responde ao genro olhando para o vazio (como se estivesse se dirigindo a uma terceira pessoa). Assim, em muitas tribos, irmãos não podem falar diretamente com irmãs (para evitar a tentação do incesto, dizem eles).

Cada sociedade tem um tipo de "evitação", de acordo com sua cultura.

Quando perguntei uma vez a um aborígine por que ele não podia falar com sua sogra, ele me respondeu:

– Ela me deu sua filha. É a melhor mulher do mundo. Não posso brigar com ela....

Veja a sabedoria primitiva!

Também, em quase todas as sociedades primitivas existe a "Casa dos Homens" e a "Casa das Mulheres". Nessas verdadeiras "sociedades secretas", os homens se reúnem sem a interferência das mulheres e estas, sem a chateação dos homens. Nessas "Casas", os pais biológicos brincam com seus filhos (que podem pertencer a clãs opostos ao deles) e nelas as rusgas de parentesco são tratadas.

Na tribo que estudei, nenhuma mulher pode ficar solteira – deve ter sempre um marido. Assim, desde que uma mulher está grávida, o pai já "doa" aquela futura filha (se nascer mulher) para um homem do clã oposto, com quem pode se casar. Esse homem já é o "marido" da criança desde que nasce.

Quando um marido morre, suas esposas casam-se imediatamente com outros homens. Quando as mães ficam muito velhas e ninguém as escolhe para se casar, os filhos "trocam" as mães entre si – eu me caso com sua mãe, você se casa com a minha – assim, ninguém fica "solteiro". Isso resolve um grande problema – como todas as pessoas da tribo estão sempre casadas, não há filhos "ilegítimos" nessa sociedade. Todos têm um pai e uma mãe biológicos, é claro, e sociais, e assim as crianças são sempre amparadas por um sistema familiar amplo e complexo.

O sistema de parentesco das sociedades primitivas permite que as sociedades sobrevivam às guerras tribais e a conflitos menores.

As tribos "trocam" mulheres por meio da exogamia, da matrilocalidade e patrilocalidade, por exemplo. Quem é da aldeia (A) casa-se com alguém da aldeia (B) e vai morar na aldeia (B), por exemplo. Assim, eu (da aldeia A) sempre terei um filho, filha ou netos na outra aldeia (B) – o que me fará evitar a guerra entre essas aldeias, pois estarei matando meus próprios parentes próximos.

Mas isto tudo é coisa de antropólogo. Se o leitor se interessar por este assunto, leia bons livros de antropologia e se deliciará com relatos etnográficos sobre parentesco entre os primitivos.

Capítulo II

Até na Bíblia... e nos ensinamentos de Buda!

Ler o Velho Testamento é encontrar histórias de parentes. Nem é preciso discorrer sobre isso. Basta tomar a Bíblia e verificar. E até nela vamos encontrar relatos escabrosos entre parentes que traem, são traídos, matam e são mortos.

É preciso falar mais? Caim e Abel? Esaú e Jacó?

Leia Gênesis 27,36:

...Não é com razão que se chama Jacó? Pois já duas vezes me enganou: tirou-me o direito da progenitura e agora usurpa a bênção que era minha...

Leia o Salmo 49,20:

Sentas-te para falar contra teu irmão e difamas o filho de tua mãe.

Leia Jeremias 9,3:

Guardai-vos cada um do seu amigo e de irmão nenhum vos fieis; porque todo irmão não faz mais do que enganar...

Leia Lucas 15,11-32 para compreender o sentido da parábola do filho pródigo. Nem sempre é fácil compreendêla – mostra a ingratidão de um filho, a incompreensão de outro e a gratidão e a compreensão de um pai. É uma verdadeira "ginástica" para um pai equilibrar o seu amor paterno entre filhos que têm visão da realidade e temperamentos diferentes.

Desejar que os filhos compreendam todas as decisões paternas é um sonho impossível. Na verdade, ser pai é saber justamente administrar as diferenças e arcar com as conseqüências inevitáveis da incompreensão dos filhos.

E como não poderia deixar de acontecer, Buda tem conselhos a dar sobre família, parentes e seus perigos. No *Guia Prático do Verdadeiro Viver,* da doutrina de Buda (Bukkyo Dendo Kyokai – Fundação para a propagação do Budismo – Minato-ku, Tóquio – 3ª edição – 1982), temos várias citações interessantes:

Um filho deve honrar os pais e por eles fazer tudo o que lhe for possível. Deve servi-los, ajudálos em seu trabalho, continuar a estirpe, proteger a propriedade da família, e, depois de mortos os pais, deve cultivar-lhes a memória.

Os pais devem fazer cinco coisas por seus filhos: evitar fazer o mal, dar exemplo de boas ações, dar-lhes uma educação, prepará-los para o casamento e legar-lhes a herança da família em época oportuna. ***Se pais e filhos seguirem estas regras, a família poderá viver sempre em paz.*** (p. 425)

A família é o lugar onde as mentes estão em contato umas com as outras. Se estas mentes se amarem umas às outras, o lar será tão belo quanto um jardim florido. Mas, se estas mentes se desarmonizarem umas contra as outras, o lar será como uma tempestade que devasta o jardim.

Se a discórdia surgir no seio da família, não se deve culpar os outros, mas deve-se examinar a própria mente e seguir o correto caminho. (p. 433)

Na vida familiar, a questão das despesas diárias sempre requer o máximo de cuidado. Cada membro deve trabalhar arduamente como as formigas e as abelhas diligentes. ***Ninguém deve contar com o esforço dos outros nem esperar por sua caridade.*** (p. 437)

Como vê, leitor, até Buda sabia das dificuldades de gerir uma família. A disciplina dos "deveres", tanto de pais quanto dos filhos, é o único caminho seguro para a felicidade. O difícil é passar do "saber" para o "fazer", tanto de um lado quanto do outro...

Capítulo III

Parentesco e realidade nos dias atuais

Atualmente, o parentesco exerce grande influência na vida das pessoas. Estamos sempre às voltas com algum parente. Sejam pais, filhos, genros, noras, cunhados, tios, primos... sempre temos algum tipo de relação com essas pessoas, muitas vezes mais do que com amigos e colegas de trabalho.

Algumas pessoas às vezes passam semanas ou mesmo meses sem encontrar os parentes, mas esta não é a regra. Em geral, estamos em contato com algum parente próximo ou distante quase semanalmente. São os almoços de domingo na casa da sogra, os telefonemas do irmão mais velho, as visitas da cunhada...

Embora atualmente seja mais fácil nos livrarmos dos parentes chatos, a verdade é que nem sempre isso é possível ou viável. Temos hoje mil desculpas – o trânsito, os compromissos, a falta de tempo, por exemplo. Antigamente isso não era tão fácil...

No entanto, ainda resta a tarefa árdua de lidar com os parentes quando deles não podemos nos livrar. E é sobre isso que discutiremos nos próximos capítulos.

Uma sociedade preocupada com a família

As sociedades latinas têm nos laços de parentesco uma grande força. A revista *The Economist* publicou em sua edição de 1º de abril de 2000, p. 46, uma pequena matéria chamada "La Famiglia" que relata a seguinte realidade sobre a Itália:

- 70% dos filhos solteiros, até 30 anos, vivem com seus pais;
- 43% dos italianos casados até 65 anos residem dentro do raio de um quilômetro da casa de seus pais;
- 15% dos italianos casados moram no mesmo prédio que seus pais;
- 77% dos italianos visitam suas mães ao menos uma vez por semana;
- 58% dos filhos casados e 65% das filhas casadas visitam suas mães diariamente;
- 70% dos filhos que não moram com seus pais telefonam para eles todos os dias.

A Itália é o país da Europa com mais telefones celulares: 30% mais do que a média européia. A explicação é que todos os familiares se telefonam o tempo todo – principalmente os filhos para os pais e os pais para os filhos!...

E no Brasil não deve ser diferente.

Apesar de não termos pesquisas sobre o tema em nosso país, temos também uma enorme influência da mãe no dia-a-dia de todos nós brasileiros.

A família, aqui também, é uma das instituições mais valorizadas. O Datafolha (empresa de pesquisa da Folha de São Paulo) publicou, em 23 de abril de 2000, uma pesquisa realizada em todo o Brasil. Ao responder à pergunta *"O que deve ser valorizado nos próximos anos"*, o brasileiro respondeu:

- 78% **família** em primeiro lugar

- 75% **trabalho** em segundo lugar

- 68% **estudo** em terceiro lugar

- 49% **religião** em quarto lugar

Assim, a família, por mais dificuldade de relacionamento que nos acarrete, é ainda a instituição mais valorizada pelo brasileiro.

Capítulo IV

O amor e a realidade entre Irmãos, Irmãs & Cia.

Os irmãos vivem aos tapas e beijos. A competição começa na infância. Por mais que os pais jurem e afirmem que não têm preferência por nenhum filho, sempre um deles vai jurar que os pais preferem o outro ou a outra. Isso não tem solução.

O primeiro filho é sempre mais carinhoso e dependente do afeto dos pais. Foi mais mimado – era o primeiro – e tudo nele era novidade. Os pais têm um profundo sentimento de culpa com relação ao primeiro filho. Como no começo da vida de casado, quase sempre tudo é mais difícil – desde dinheiro até o relacionamento do casal – o primeiro filho é visto sempre como um sofredor ou sofredora nas mãos inexperientes de uma mãe cruel ou de um pai desalmado.

A inexperiência dos pais leva-os a cometer os maiores absurdos na educação do primeiro filho (segundo os próprios pais) e isso acarreta um enorme sentimento de culpa. Ou eles são enérgicos demais ou "moles" demais – geralmente são muito exigentes com o primeiro filho.

Com medo de criar uma criança cheia de vícios e defeitos, os pais de primeiros filhos são bastante punitivos. Já com os demais filhos, são mais compreensivos, pois aprendem que tudo é relativo e que a idade fará desaparecer aqueles indesejáveis comportamentos da criança. Assim, ao primeiro filho não é permitido que durma na cama dos pais. Já no segundo, eles vêm que isso é bobagem e que logo as próprias crianças não querem mais dormir com os pais. Com o terceiro ou o quarto filho, os pais até incentivam a criança a dormir na cama com eles, pois sabem que é tudo por muito pouco tempo!

O filho (ou filhos) "do meio" são os esquecidos. Ficaram mais livres para fazer e dizer o que desejavam a vida toda. São mais independentes, arrogantes, menos afetuosos e afetivos com os pais e com os irmãos. Sabem que se esperarem muito dos pais e irmãos irão mesmo é ficar sozinhos. Daí não terem nenhuma expectativa muito grande em relação à família.

O filho mais novo ou caçula nasceu em berço de ouro, dizem os pais, é o mais protegido segundo toda a família. Nunca cresce aos olhos dos pais. É uma eterna criança que precisa de proteção e mimo. Para ele tudo é permitido. Tudo pode. Os pais, com a sensação – e às vezes a certeza – de que este é o último filho ou filha, têm um desejo inconsciente de que não se torne adulto e independente nunca. Para desespero e incompreensão dos irmãos, tudo o que lhes foi proibido é permitido ao caçula.

Com esse quadro, fica claro que a vida entre irmãos é uma guerra! É também por isso que não há dois irmãos iguais. Eles receberam tratamentos diferentes e cresceram na desigualdade. Daí a competição entre irmãos próximos em idade ou na seqüência de nascimento. Isso sem contar o fato de que uma irmã ou irmão pode ser realmente mais "simpático" ou "bonito" do que outro. E como você sabe, ninguém faz questão de ser muito sensível nessas horas – vão logo dizendo: *Puxa! Como sua irmã é bonita!* ou *Como seu irmão é simpático e inteligente!* para desespero do ouvinte-irmão, feio e antipático.

Essa guerra vai durar a vida toda. E a vida é cruel! Um fica rico, o outro nem tanto. Um tem muito sucesso, o outro menos. Um casou-se com uma pessoa rica e feliz. O outro foi infeliz no casamento. A vida aponta as diferenças de maneira nua e crua. Não há como não ter inveja, despeito e recorrer ao passado, à infância e à adolescência para procurar a razão e as justificativas dessas diferenças de sorte na vida.

Na vida adulta, até os pais desistem de tratar todos os filhos da mesma forma, pois ficam mais velhos e menos "psicólogos", e deixam claras as suas preferências pelo filho ou filha que lhes dão mais prazer, ou mesmo, a necessária convicção de que foram bons pais, pois pelo menos um(a) filho(a) deu certo na vida, é afetuoso(a) e carinhoso(a).

E a vida entre irmãos é dura mesmo. As namoradas e namorados que só o(a) outro(a) consegue... As festas para as quais não foi convidado... E depois, mais tarde, os bons empregos, os desejados convites. O carro novo. A viagem para a Europa com a família. A casa nova etc. etc. Não é fácil!

E por mais consciência que os irmãos tenham de sua independência, um sempre espera alguma coisa do outro. E aí vem a grande decepção...

– Ela é minha irmã – poderia ter me convidado!

– Ela é minha irmã – poderia me emprestar aquele dinheiro...

– Ele é meu irmão – poderia ter me indicado para aquele emprego...

– Ele é meu irmão – poderia ter me esperado...

– Ele é meu irmão – poderia ter sido meu avalista ou fiador...

E a verdade é que não há como explicar a um irmão ou uma irmã por que ele(a) não foi convidado(a), não lhe emprestaram dinheiro, não o(a) indicaram para o emprego, não esperaram por ele(a).

Ele(a) jamais compreenderá!

Há situações incríveis entre irmãos. Eles competem até no cachorro que possuem. Se um tem cachorro de uma raça e o outro de outra, os pais têm de fazer um verdadeiro malabarismo para não elogiar muito o cachorro de um para o outro. O mesmo com os gatinhos das filhas. E eles cobram dos pais essa igualdade no tratamento de gatos e cachorros, passarinhos etc.

Se um filho vai viajar e deixa um passarinho para os pais tomarem conta, pode escrever – dois meses depois o outro irmão deixará o gato dele para os pais tomarem conta também!

Isso sem falar dos filhos dos irmãos (os sobrinhos!) a quem os tios precisam tratar igualmente, porque a acusação de que *sua mãe gosta mais do filho de sua irmã do que do nosso* não tardará!

Por isso, dizem os mais sábios,

"irmão bom é irmão distante,"

isto é, **longe,**

de preferência em outra cidade ou país, onde a competição não se torna tão aparente e nem é cotidiana.

Além das realidades concretas existem as famosas mentiras entre irmãos. É um verdadeiro festival de mentiras. Um irmão (ou irmã) é louco para contar ao outro coisas pouco verdadeiras com relação ao seu próprio "sucesso". Afinal, não dá para ficar o tempo todo "por baixo". Assim, a irmã diz à outra irmã que seu marido está ficando "m-i-l-i-o-n-á-r-i-o"! Que estão planejando mil viagens. Irmãos mentem seus salários, suas pseudo-promoções e assim por diante. Irmãos só competem menos do que cunhados e cunhadas, e daí a grande dificuldade da convivência harmônica...

Há exceções? É claro que sim. Mas, como sempre, as exceções confirmam a regra geral de que toda regra tem exceção.

São exceções mesmo!!!

Mesmo entre irmãos que juram amor e aparentemente se dão maravilhosamente bem, se pudéssemos ouvir as conversas no banheiro ou na cozinha de um deles, saberíamos da verdadeira competição e da guerra em que vivem.

A grande diferença da guerra entre irmãos e irmãs é que, realmente, por alguma razão misteriosa, o ódio se mistura com puro amor. Não tem jeito de não se gostar de um irmão ou irmã ou mesmo de não amá-lo. É um doloroso misto de amor e ódio. Não gostamos de vê-lo ou vê-la muito melhor do que nós, mas também não queremos a sua desgraça total! Afinal, **somos "irmãos"**!

Essa dissonância cognitiva ou afetiva é infernal. E muito perigosa na idade adulta. Depois de casados, os cônjuges não conseguem entender esse misto de amor e ódio e essa alternância de paciência e intolerância entre irmãos, principalmente quando se trata dos irmãos de seu marido ou esposa.

Assim, só os próprios irmãos entendem o "amor fraterno". Ninguém mais. Do ódio mortal ao amor fraternal é um pulo! Isso para o desespero de quem quer entender esse sentimento irracional entre irmãos.

Capítulo V

A guerra das cunhadas e dos cunhados

Esta guerra é pra valer!

Pior do que uma sogra é uma cunhada! Disto não há dúvida!

Os cunhados são rivais natos e se odeiam (na maioria dos casos). Maximizados pela competição entre irmãos e irmãs, as cunhadas e cunhados vivem numa guerra sem-fim. Não tem solução!

As cunhadas competem quanto à "inteligência" dos filhos:

– Meu filho só tira 10 na escola. Até trouxe o boletim dele para você ver... O seu... parece que está com problemas no colégio...

– Meu filho é um gênio! A professora disse que ele será um grande empresário no futuro...

As cunhadas competem até nas roupas, jóias, viagens, manicures, cabeleireiros. Enfim, em tudo! Nada escapa à saga da competição entre cunhadas.

E os cunhados?

Um quer saber *"quanto o outro ganha"*. Um vive procurando desgraça na vida do outro. O fracasso de um é o sucesso do outro. Incentivados pelas esposas, os cunhados vivem na eterna batalha de provar ao sogro e à sogra que sua filha casou com o melhor partido.

Os almoços de domingo

O mais interessante "palco" da guerra dos cunhados são os almoços de domingo na família, geralmente na casa dos sogros. Aí a guerra é aberta! É farpa pra todo lado! Entre "diretas" e "indiretas", cada um ofende o outro da maneira que pode, e nessa guerra vale tudo. Principalmente mentir.

> *– Estamos indo para a Europa no segundo semestre. Meu marido até falou para convidar vocês – mas vai ficar muito caro – e acho que vocês não terão condições de acompanhar o nosso grupo...* (diz uma cunhada à outra)

> *– Esta semana recebi uma promoção que vai dobrar o meu salário!* (diz um cunhado ao outro... desempregado)

– *Estou comprando um carro novo e um apartamento na praia...* (diz um cunhado à cunhada, cujo marido é pobre, e adoraria ter um apartamento na praia e só tem um carro usado e velho).

Até na comida as cunhadas competem. Nos almoços de família – em que uma leva a salada e a outra a sobremesa – cada uma fica falando dos elogios que recebe dos amigos "ricos e famosos" sobre as comidas que faz. Uma sempre é melhor cozinheira, doceira, boleira e quituteira do que a outra.

O mais interessante é que tudo isso é feito com o maior disfarce. É como se nada estivesse sendo dito ou acontecendo. É como se nada fosse comigo ou com alguém que eu conheço. É sempre por meios "indiretos" – tal como na "evitação" dos primitivos. Falam de si próprios dando exemplos de terceiros, que não existem na realidade. Oferecem argumentos dissimulados como se estivessem em um grande jogo de pôquer, em que ganha mais quem blefar com mais convicção.

A guerra das cunhadas e dos cunhados é, de longe, a mais ferrenha. Ela é maximizada pela guerra entre os irmãos e pelas diferenças desde a criação daquela família.

Sem perceber, os irmãos e irmãs contam aos seus cônjuges coisas da infância em que foram vítimas da crueldade dos irmãos e dos pais. O marido ou a mulher toma as dores do cônjuge. Embora quem contou até já tenha se esquecido do que disse, o marido ou a mulher jamais esquecerão aquelas injustiças e crueldades e não perderão uma oportunidade sequer de "retribuir" e "vingar" o seu marido (ou sua mulher) de seus irmãos.

Além disso, nenhum cunhado ou cunhada quer passar um atestado de que se casou com o "pior partido daquela família", ou que fez a escolha errada.

Precisa se defender!

E a melhor defesa é o ataque!

A competição é tão grande que beira ao limite do insuportável. Quando chega nesse estágio há um afastamento inevitável; porém, o problema é que esse afastamento durará pouco. Algumas semanas depois lá estão todos almoçando juntos na casa da sogra e recomeçando a interminável guerra.

Os casos são escabrosos!

Quando o marido e a mulher estão brigados – por qualquer razão – e o marido quer ofender profundamente sua mulher, ele começa a elogiar a sua cunhada na frente dela. Da mesma forma, a mulher, para espicaçar o seu marido, elogia o cunhado de forma veemente. E aí é dose dupla. Não só o marido fica furioso, como a mulher do cunhado também.

É guerra!!!

E isso não pára. Quando são casados novos, a competição é com a casa nova, o emprego do marido, as pequenas viagens etc. Logo mais, com a chegada dos filhos, estes serão o motivo da competição. Depois os netos, bisnetos, a aposentadoria e até o túmulo no cemitério é motivo de competição, acredite!

– Sua cunhada quer aparecer até depois de morta! Precisava mandar fazer um túmulo daquele tamanho?! Deus a tenha!!

Os casos são muito tristes – por causa dos cunhados, os irmãos acabam não se encontrando, não convivendo, por mais que desejem. A guerra das cunhadas ou cunhados é tão grande que impede o convívio. E não pense o leitor que estou exagerando! Conheço casos de irmãos que não se vêem há anos porque suas mulheres não podem sequer encontrar-se no mesmo local.

Acredito que no Brasil as sogras não sejam tão criticadas como nos demais países, porque elas precisam dedicar muito tempo a aparar as arestas das brigas entre noras ou entre genros.

Tudo para manter a união da família, sem dúvida o maior objetivo de qualquer mãe.

Capítulo VI

Os primos

Primo é coisa diferente! Geralmente são mais amigos do que os irmãos. É mais fácil conviver com os primos porque podemos nos livrar deles mais facilmente. É só dar uma desculpa qualquer e cria-se um distanciamento benéfico, quando é necessário ou desejado.

Geralmente os primos são "desarmados" entre si. O problema ocorre com os pais. Estes sim competem usando seus filhos e filhas. Quando a sobrinha é mais bonita ou charmosa do que a filha, a coisa fica difícil, pois a mãe da mais feia quer proteger a coitadinha da comparação dos outros, quando andam juntas. E a forma que as mães encontram de evitar essa comparação (que elas juram... nunca pensaram nisso – porque sabem que sua filha é mais bonita... que a filha da cunhada), é tentar estragar a relação entre as primas com fofocas, falando mal da sobrinha para a filha e dizendo:

– Sua prima é uma dondoca que não vale a pena como companhia. Ela tem inveja de você! Eu já percebi isso! E eu soube na cabeleireira que ela está querendo roubar seu namorado! Cuidado!

Ou ainda:

– Acho horrível aquele cabelo da sua prima! Ela puxou a mãe. Assanhada!

Ou mesmo:

– Aquela sua prima acha que é muito bonita? Pois os homens de hoje não querem só beleza! Eles querem meninas inteligentes como você, minha filha!

E assim, a amizade das primas que era bonita, simples e singela, vai se deteriorando pela inveja das mães e pela interferência dos adultos.

Se um primo é melhor que o outro na escola é o que basta para a mãe dizer que o menino (sobrinho dela) é "meio *gay*" e que acha que ele é *"muito esquisito..."*.

– Não fique andando só com seu primo! Procure outros amigos! Afinal ele é meio esquisito, com aquele jeitinho dele metido a sabichão, intelectual... Isso não é normal para a idade dele...

Quando ficam adultos, a competição diminui um pouco, mas não acaba. Se a sobrinha se casa com alguém mais rico do que sua filha, isso basta para voltar toda a carga, agora incluindo o pobre marido da sobrinha.

– *Ele pode ser mais rico que o seu marido, mas garanto que o casamento deles não dura!*

– *Já soube que eles não estão vivendo bem...*

– *Minha filha, dinheiro não é tudo na vida e o seu marido é muito mais bonzinho que o marido da...* (sobrinha/prima).

Quando são primos e um tem mais sucesso que o outro, a conversa não é muito mais branda:

– *Soube que ele vai ser mandado embora daquele empregão, porque não se dedica. Aliás, ele nunca foi muito de trabalhar...*

– *Estar bem hoje não significa que estará bem amanhã...*

E assim por diante.

E mais uma vez, a amizade entre os primos, que sempre foi muito agradável, também se deteriora.

Não caia nessa!

É realmente muito difícil para um primo ver o outro tendo mais sucesso em qualquer aspecto da vida. Afinal, cresceram juntos. Fica sempre a pergunta:

– *Onde será que eu errei e ele acertou?*

– *Porque ele teve sorte e eu não?*

Toda família brasileira tem boas lembranças dos primos e primas. As viagens para a praia, para o sítio, as férias juntos. As lembranças são sempre mais positivas que negativas, quando se trata de primos.

Os primos se gostam tanto que sempre querem se ajudar mutuamente no trabalho, no emprego etc.

Muitas vezes, um(a) primo(a) empresário(a) quer ajudar seus primos, dando-lhes emprego. Mas essa é uma situação difícil e nem sempre dá certo, pois logo entra a interferência familiar e as coisas se complicam.

A expectativa – de ambos os lados – é de afetividade e compreensão, algo além das tarefas e relacionamento de empregado/empregador. E aí tudo se complica.

É melhor continuarem "primos"
do que patrão e empregado.
Acredite!

Capítulo VII

Os tios, as tias e os parentes distantes

De repente, não mais que de repente, aparece na família uma tia velha que morava no Rio de Janeiro e que quase ninguém conhecia. É uma prima da tia da avó que, vendo-se velha e desamparada, lembrou-se dos "parentes" e resolveu se mudar para perto deles todos...

E agora!?!?

Durante mais de 50 anos, essa tia nunca apareceu. Era rica, feliz, bem casada com um homem charmoso e bonito. Ele morreu, deixou-a na miséria e ela "lembrou-se dos velhos parentes do interior..."

Começa a fazer as famosas visitas aos "parentes" que "sempre amou". Leva presentinhos para as crianças, tentando cooptá-las para a sua causa com chocolates, biscoitos e agrados.

Mais dia, menos dia, ela fica doente. Doente e sozinha, ninguém tem coragem de largar a pobre velhinha à sua própria sorte. E as despesas?

O resto da história você já deve saber... Mas não é só a velha tia que se lembra dos parentes na hora do aperto.

O que fazer...

...quando aparece aquele primo estróina que já deu golpe em todo o mundo, em todas as cidades pelas quais andou, e que, agora mais velho, resolveu redimir-se dos pecados e aproximar-se dos parentes?

...com aquele tio mulherengo, que teve cinco mulheres, oito filhos, um com cada mulher e três com a última, uma mocinha de 22 anos, ex-secretária da repartição pública em que trabalhava, que agora, aos 65 anos, resolveu aparecer novamente?

...quando aquele primo dá o seu nome como avalista em potencial para todas as compras que faz e você sabe que não pagará nenhuma delas?

...quando aquela prima – que diz na cabeleireira que é sua melhor amiga – agora desquitada, divorciada várias vezes, depois que já "pintou e bordou", quer chegar-se mais perto da família e virar pessoa séria?

De repente você está conversando e alguém lhe diz: *"Conheci seu primo ontem!"* E você que imaginava não ter nenhum primo naquelas bandas, fica sabendo que acabou de arranjar um, e daqueles... Está devendo para todo o mundo, foi expulso do clube, não tem mais nada. Mas lembre-se – ele é seu primo!

De repente aparece em nossa vida um "tio", uma "tia" que não esperávamos. Nem é bem um "tio" ou uma "tia", pois são de segundo ou terceiro graus, como dizemos. Mas eles aparecem na vida quando ficam doentes, quando os filhos os abandonam, quando alguma coisa acontece e eles se lembram de nós e esperam nossa ajuda.

Em famílias mais unidas e geralmente do interior, os tios, principalmente os irmãos e irmãs da mãe, convivem muito com as crianças. Assim, os tios são quase-pais. A vida separa os parentes e eles um dia ficam mais velhos e se ressentem do abandono dos sobrinhos, que eram como seus verdadeiros filhos.

Mas as coisas ficam difíceis quando aquele tio de repente aparece numa situação difícil. Perdeu tudo no jogo! Meteu-se em confusões com a polícia! Faliu, quebrou!

E esse parente distante que apareceu de repente, vem logo pedindo aval para uma promissória ou ainda, que sejamos fiadores dele no aluguel. Como dizer "não" para um tio que reapareceu depois de anos? Quem tem coragem? Embora estejamos cansados de saber que ele jamais pagará suas contas, lá vamos nós avalizar e dar nosso nome como "fiadores". E geralmente esse tio que se aboleta em nosso meio é um irmão da mãe. Isso porque ele sabe que sua irmã, como mulher e irmã, o protegerá sempre. Os irmãos do pai geralmente procuram uma boa alma feminina para se encostar e só quando não encontram é que vão ao encontro do velho irmão e de seus filhos – os "queridos" sobrinhos...

E aquela tia idosa que os sobrinhos devem cuidar? Não têm obrigação nenhuma disso, mas fazer o quê? "Ela é irmã de um tio da minha mãe", disse-me um professor, "mas acabou ficando sob nossa responsabilidade". Os "sobrinhos" se cotizam para pagar médicos, enfermeiros, remédios. O marido era muito rico. Morreu. Ela gastou tudo em São Paulo em chás e reuniões sociais com as amigas. Empobreceu e lembrou-se de nós no interior e para cá veio de mala e cuia... "E o pior", disse-me ele, "é que somos só três primos que 'agüentamos a barra' da velhinha. Os demais não querem nem saber. É despesa que não acaba mais. E o médico disse que ela vai longe..."

Um pequeno empresário certa vez me contou a seguinte história:

> – *Apareceu um dia em casa um tio velho, irmão de meu pai. Eu não o via há mais de 20 anos. Nem mesmo me lembrava da cara dele. Ele apareceu e contou todas as peripécias de sua vida que mais parecia um filme de aventura. Morou em Manaus, trabalhou no Amapá, pegou malária, casou-se três vezes, uma no Ceará, outra na Bahia e outra no Paraná, onde comprou uma fazenda e plantava alface. Nem mesmo posso saber se tudo o que ele contou era verdade ou pura fantasia.*
>
> *Dos casamentos, teve mais de oito filhos. Todos o abandonaram, assim como ele fez com suas três mulheres. Hoje, velho, doente, lembrou-se de nós!...*
>
> *Teceu os maiores elogios ao meu falecido pai, seu irmão, dizendo que ele sim era gente fina. Sempre trabalhador, voltado para a família, filhos maravilhosos e trabalhadores, mulher extre-*

mosa etc. etc. Ele, dizia com os olhos mareados, não teve a mesma sorte...

Não queria nada de nós, apenas... um dinheirinho para fazer face a algumas dívidas que havia amealhado nos últimos anos. Um pouco mais de cinco mil trocados... que ele pagaria assim que vendesse uns terrenos que tinha em Paracuru no Ceará...

Sei que isso para vocês não é nada... Vocês estão tão bem de vida... São pessoas de sucesso e benquistas na cidade... Mas, se não puderem... não tem importância...

Emprestamos, eu e meu irmão, os cinco mil e oitocentos. Jamais vimos a cor do dinheiro de volta. E a cada mês vinha ele pedindo mais quinhentos, mais duzentos, mais mil... Até que tivemos de tomar uma atitude difícil e dizer a ele que não voltasse mais a falar conosco.

O pior, continuou o amigo empresário, é que sabemos que ele se juntou com uma viúva e está tomando tudo o que ela tem...

Em uma família, quando menos se espera aparece um "tio", um "primo" ou parente de qualquer grau para nos surpreender. São parentes que ficam à distância na espreita da primeira oportunidade para tirar alguma vantagem de quem está quieto e feliz em seu canto, crente que todas as vicissitudes da vida já são coisas do passado...

Minha mãe ficou viúva, disse-me um amigo. Mora sozinha. Meu pai deixou alguns bens, uma boa pensão e algumas casinhas de aluguel para ela sobreviver. No que podemos, também ajuda-

mos. A vida dela era, apesar de viúva, muito boa, tranqüila e calma. Até que um tio, também viúvo, irmão de minha mãe, convenceu-a de que deveriam morar juntos, já que eram irmãos. Quando minha mãe falou da proposta, nós, os dois filhos, fomos frontalmente contra. Esse tio já tinha fama de malandro. Era metido a galã, apesar da idade. Gostava de se vestir como jovem, na moda. Tentamos convencer nossa mãe da loucura que ela estaria fazendo se recebesse seu irmão para morar em sua casa. Mas qual! Ele convenceu a irmã e mudou-se para a casa dela.

A vida da minha mãe transtornou-se. Ela cozinha para ele, lava sua roupa, empresta dinheiro, e tudo mais. Ele vive uma vida nababesca, aboletado na casa da irmã, assistindo os programas que quer na televisão, tomando cerveja e deixando os copos sujos na sala.

E o mais triste, disse-me o amigo, é que minha mãe, como sabe que éramos contra a ida de seu irmão para sua casa, não nos conta nada, sofre calada, diz estar tudo bem, mas a temos visto envelhecer de tristeza a cada dia, por ter perdido o sossego... Falamos com ela para mandar o irmão procurar o caminho dele... Ela não tem coragem – diz que ele foi um menino sofrido quando criança. Pouco tempo atrás soubemos que ele está convencendo minha mãe a vender uma das casas para colocar o dinheiro na poupança...

As histórias de tios e tias são intermináveis. Toda família tem um caso.

Quem tem um tio ou tia, aguarde...
Sua vez chegará!

Capítulo VIII

A hora e a vez da sogra e do sogro

Para surpresa do leitor, não vou me deter muito na relação entre genros, noras, sogros e sogras. Ela é demais caricaturizada e não precisa ser ainda mais reforçada.

Os problemas são mais sutis do que podem parecer a um leigo. Agüentar uma sogra é complicado, o que é facilmente explicável.

Sogra × nora

As mulheres têm um "instinto maternal" que é traduzível em proteção, controle e possessão. Toda esposa, na verdade, quer ser uma "mãe" para seu marido. Precisa que ele seja dependente dela. Quanto mais dependente emocionalmente, melhor; mais "mãe" a esposa se sente. Mais feliz ela será. As esposas odeiam maridos independentes porque se acham "inúteis".

Assim, há um homem e duas mulheres/mães, protetoras, controladoras e possessivas em guerra. A esposa e a mãe do marido (a sogra). Por mais que desejem (e desejam sinceramente) viver em harmonia, isso é totalmente impossível. Afinal, a pergunta é: *"De quem aquele homem 'depende' mais?"* Ambas querem que ele "dependa" dela e não da "outra" mãe.

E como a mulher é muito mais inteligente do que o homem, a guerra que se trava é cheia de subterfúgios e ardis. É uma guerra cheia de símbolos e signos, disfarçada.

De repente, a mãe verdadeira descobre que seu filho gosta mais da macarronada da mulher do que da dela...

De repente, o filho que gostava só de calças azuis e cáquis, aparece vestido de amarelo e vermelho...

De repente, o filho que nunca comeu cebola, diz agora que "aprendeu a comer cebola" e que está gostando...

Isso tudo é a "morte" para uma mãe que vê seu filho sendo literalmente "roubado" por uma estranha que "entrou agora para a família".

A sogra (mãe do marido) por sua vez continua mandando para a casa do filho casado aquele "quindão" de que ele tanto gosta "desde criança" e que "só ela sabe fazer do jeito que ele gosta". Continua consertando as roupas do filho... Manda uma receita para a nora de uma coisa que o filho gosta e que "nunca mais comeu... desde que casou".

A sogra já deixou de elogiar o corte de cabelo "de sempre" que agora a "nova mãe" o fez mudar etc.

O pobre do filho de "duas mães" tem de viver como um "algodão entre cristais", pois qualquer coisa que fale, se voltará contra ele. Se elogiar a mãe, terá a esposa "emburrada" por alguns dias. Se elogiar a esposa para a mãe, terá a mãe despejando uma ladainha de coisas que não lhe agrada naquela "menina" que "ele" escolheu. Assim, não tem saída! O pobre filho de duas mães terá de ficar calado. Mas ficar calado também não dá certo. Elas querem saber "de que lado ele está!"

A sogra, intencionalmente, ou sem perceber, dá palpite em tudo. Absolutamente tudo! Faz até juras de que não falará nada. Mas não agüenta e numa hora qualquer, como quem não quer nada... fala, e a guerra continua.

Não há solução. Se a sogra concordar demais com a nora, esta vai dizer que ela é uma "falsa". A nora, por sua vez, conhece a sogra e faz uns "testes" para ver se a sogra está sendo sincera ou não. Se percebe que a sogra não faz comentários para manter a boa paz, logo tem certeza de que "por trás" a sogra fala mal dela (nora) pois é "falsa"...

Sogra × genro

Para o homem, o inferno é pior com relação à sua sogra. Livre de outra mulher para competir com ela, a mãe da mulher assume, sem nenhum escrúpulo, pelo resto da vida, o seu infalível papel de mãe – protetora, controladora e possessiva. Passa por cima do marido da filha como um trator! A sua filha continua sendo sua filha e acabou! O casamento foi um acidente como qualquer outro. Um dia tinha de se casar e tanto faz que tenha sido com este ou com outro – porque *homem nenhum presta, mesmo!* E com a melhor das boas intenções maternas, ela nem disfarça na sua função de eterna mãe.

A casa do pobre marido mais parece a casa da mãe da mulher. Tudo quem diz, quem manda, quem decide, é a sogra! A cor do sofá, o local da mesa, o cardápio da semana, a cor do automóvel da mulher etc. E como as filhas, em sua maioria absoluta, realmente adoram ter uma mãe protetora, controladora e possessiva, elas alimentam, sem cessar, essa intromissão total em sua vida de casada.

A verdade é que uma filha prefere mil vezes sair com sua mãe do que com o chato do marido. A mãe incentiva a filha a gastar o dinheiro, ainda mais se for só o do marido, que ele o controlaria como um "unha de fome". A mãe, muito experiente, orienta a filha a "não contar tudo para o marido", principalmente quanto as coisas custaram, para evitar que ele ache ruim, se enerve, se aborreça...

Mãe e filha são aliadas terríveis contra um indefeso marido. E não adianta a distância. Podem estar a milhares de quilômetros uma da outra. Podem viver em continentes diferentes. As mães controlam suas filhas sem mesmo dizer uma só palavra. E hoje, com telefone, internet, vídeo-conferência e outros, o controle à distância fez a distância desaparecer... Quando o marido consegue fazer com que sua esposa "esqueça" um pouco a mãe dela, lá vem um telefonema e tudo volta à estaca zero...

Essa é a razão do verdadeiro ódio que o marido tem de sua sogra. É ela quem realmente manda em sua casa. E ele sabe disso!

E aqui também não há saída.

A única saída é a idade. E com a idade, a morte. Sogra boa é sogra morta, diz o ditado! A partir daí, a filha sem a proteção, o controle e a possessão da mãe, volta-se finalmente para o marido...

Esta situação me faz lembrar da anedota da sogra que morreu em Israel, na Terra Santa, em uma viagem de passeio. A funerária de Israel disse ao genro:

– O senhor tem duas alternativas – trasladar o corpo para o Brasil, o que lhe custará aproximadamente US$ 30.000,00 ou enterrá-la aqui mesmo em Israel, o que custará US$ 4.000,00.

O genro pensou e respondeu:

– Vamos trasladar para o Brasil!

O homem da funerária disse:

– O senhor deve ser um homem rico ou gostar muito da sogra! Parabéns!

Ao que o genro respondeu:

– Não sou rico, não. Esta viagem estou pagando em prestações. Só que nesta Terra Santa um já ressuscitou! De repente a minha sogra é enterrada aqui e ressuscita... Prefiro lhe pagar os US$ 30.000,00 e não correr esse risco...

E o sogro?

Noras e sogros se dão muito bem, obrigado!

Isso porque geralmente os sogros não se envolvem muito com a vida das noras e são até "galanteadores" com a mulher do filho – sempre mais jovem e bonita do que sua "velha esposa" de muitos anos.

Assim, nora e sogro se dão muito bem, desde que não haja relações financeiras – de dinheiro – envolvidas. Isso, se também não tiver a "outra nora" com quem o sogro se relacione melhor, goste mais etc. Um sogro de muitas noras precisa tomar extremo cuidado para equilibrar sua manifestação de simpatia entre elas.

Relação difícil mesmo é entre genro e sogro!

Nenhum genro suporta seu sogro! Em primeiro lugar, o genro tem ciúmes do pai de sua mulher. Geralmente a filha tem carinhos especiais com seu pai. Beija, abraça, senta no colo, faz cafuné no pai. Isso é a morte para o marido!

Além disso, toda filha é um pouco "mãe" também do pai – protetora, controladora e possessiva – e isso deixa o marido (genro) profundamente irritado, pois ele quer ter sua mulher "só para ele" e não dividi-la com outro homem.

Assim, não é incomum ver maridos acusarem os pais de suas esposas de "meio-esquisitos", colocando minhocas na cabeça de sua mulher (a filha) de que aqueles "carinhos" que seu pai faz e você faz nele são completamente fora de sentido: – "Parece até assédio sexual" – disse-me um marido, desesperado de ciúmes do seu sogro.

E a guerra dos genros e sogros segue permeada de lances de disfarce. É no churrasco do domingo. Na compra do automóvel. Na escolha do apartamento. Na mudança de emprego. Em tudo, o sogro dá um palpite, deixando claro que ele (o genro) é um incompetente nas decisões mais sérias da vida e que, é claro, envolvem sua querida filha.

Há também quem tenha um sogro rico. Daí o sogro nem disfarça. Passa por cima do genro como uma jamanta! Diz para quem quiser ouvir que o genro é um fracassado e que deu mesmo é o "golpe do baú" e que tem "origem humilde – coitado...", mas no fundo é um bom sujeito por quem sua filha se afeiçoou – *"paciência!"*

BBQ

Capítulo IX

Os genros e noras

É real. É, de fato, muito difícil a relação de genros e noras. E é simples de entender o motivo. Você cria um filho ou uma filha para ser "seu" filho ou "sua" filha e de repente... lá vai ele, lá vai ela, nos braços de um "estranho" ou de uma "estranha". Não dá pra agüentar!

Por melhor que seja o genro, ele é de outra geração, pensa diferente e é sempre muito "metido a besta", isto é, pensa sempre saber mais do que o sogro. Na ótica do genro, o sogro é um velho babaca que criou errado a sua filha e que não sabe fazer nada que preste.

Na ótica do sogro, o genro é um "fedelho metido" que pensa ter o rei na barriga, é quase sempre um "vagabundo" que quis mesmo é dar *"o golpe do baú em cima da minha filha"*.

Há casos de genros que não podemos deixar de contar. Outro dia ouvi de um futuro sogro, a seguinte história sobre sua filha adolescente:

– Você não acredita. O namorado da minha filha chegava na frente da minha casa e não se dava ao trabalho de descer do carro para apertar a campainha. Ele ficava buzinando até ela sair. Outro dia não agüentei e disse a ele: – Escute aqui! Isto não é um prostíbulo! É uma casa de família! Desça do carro e aperte a campainha para chamar minha filha. Resultado: ele terminou o namoro com minha filha que me culpa até hoje por eu ter feito aquela "grosseria" com o namoradinho dela...

Situação difícil, sem dúvida. O que fazer no caso do genro que usa o banheiro privativo do quarto do casal (do sogro) em vez de usar o banheiro social?

– Ele acha o meu banheiro melhor e mais bonito, por isso ele só usa o banheiro do meu quarto...", contou-me um desolado sogro.

E como no quarto do sogro tem ar-condicionado, o genro também tem o hábito de "tirar uma soneca" depois do almoço na cama do sogro – no ar-condicionado – e o sogro... cochila na sala no domingo à tarde, pois se quiser tirar o genro da sua cama, abrirá uma guerra com sua mulher que adora o genro... e, nem é preciso dizer, com sua filhota que morre de dó do coitadinho do namorado que sente sono depois do churrasco de domingo, comprado pelo sogro, temperado pelo sogro, assado pelo sogro e servido pelo sogro... O desolado sogro me disse:

– Marins, o mais fácil pela paz da família é eu dormir na sala mesmo, enquanto meu querido genro dorme em meu quarto, com ar-condiciona-

do, na minha cama, ligando a minha televisão para assistir ao jogo de futebol do time que eu odeio, e torcendo entusiasmado contra o meu time do coração...

E quando eu ri, ele me disse, com ar de vingança:

– *Um dia você vai ter um genro e depois vai me contar sua vida...*

E as histórias entre genro-sogro e sogro-genro se sucedem; os exemplos são inúmeros:

- o sogro que chega em casa depois do trabalho e vê que seu genro está usando o seu chinelo preferido porque estava com "dorzinha no pé"..., segundo sua querida filha, com o que concordava, como sempre, sua amantíssima esposa...
- ter de emprestar o carro para o genro! *"Justo o meu carro, que eu nunca emprestei para nenhum filho! Mas para o genro... Ai se eu não emprestar... É guerra"*, disse-me um amigo. E ele "devolve" o carro, sempre de que maneira? Tanque vazio, carro sujo, o rádio na estação da preferência dele, o banco ajustado para o tamanho dele e umas latinhas de cerveja jogadas atrás do banco...

Tenho um amigo que conta de seu sogro a seguinte história:

– *Ele quer que eu faça o churrasco no domingo na chácara dele. Eu vou. Ele não faz nada! Não compra a carne, não tempera, não assa. Eu cuido de tudo e ele fica longe da churrasqueira – não gosta da fumaça – falando o tempo todo para mim: "Vire a carne! A carne vai passar demais! Olhe o frango! Você não está cuidando da picanha!" Qualquer dia pego o espeto e furo aquele velho...*

Outro ainda me disse, num tom de desabafo:

*– O que faço com meu sogro? Trabalho com ele na loja dele. Eu e um filho dele. Eu faço tudo. O filho, quase nada! E o filho é o máximo. Eu sou o "mínimo do mínimo". Quando eu faço uma venda e **ganho** 20 (por exemplo) eu ganhei pouco. Se o filho faz uma venda e **perde** 20 ele "perdeu" pouco! Tudo o que eu faço ou está errado ou poderia ter sido feito de maneira melhor! Não agüento mais!*

A relação sogra x nora é também terrivelmente problemática. No começo da vida de casado de um filho, tudo parece ir às mil maravilhas. Tanto a sogra quanto a nora querem evitar todas as possíveis causas de conflito e com essa "evitação" tudo parece que será sempre tranqüilo. Existe um respeito mútuo que é alimentado pelo medo de que o casamento possa ruir.

Passam-se alguns meses ou poucos anos e tudo começa a mudar. A nora já começa a enxergar com mais clareza os defeitos de sua sogra e passa a ter coragem de falar abertamente para seu marido que "não gosta dela".

A sogra começa a ter a sensação de que seu filho "embarcou numa canoa furada" ao casar com aquela menina mimada, *"que nunca me enganou"* e que não sabe fazer nada a não ser ir ao *shopping*, comprar roupas, querer viajar, enfim *"gastar o dinheiro do meu filho"*.

Daí chegam os netos...

O instinto protetor e possessivo das mulheres faz as coisas piorarem. A sogra vê a criança como "filho do meu filho" e a nora vê a criança como filho só dela. Não quer a influência negativa da avó sobre aquela criança. Há até um diálogo assim:

> – *Sua mãe já fez você infeliz e agora quer fazer do nosso filho um infeliz! Ela que nem chegue perto do 'meu' filho...*, diz a mulher a seu marido.

Não existe sogra boa. Se ela é do tipo que participa muito da vida do filho e da nora será taxada de "intrometida", "espaçosa". Se ela não se envolve, será tachada de "fria", "egoísta", "só pensa nela..." É presa por ter cão e presa por não ter.

Uma sogra nunca deve ter a ilusão de dar-se muito bem com sua nora. As aparências podem até ser boas, mas...

Capítulo X

Os consogros e as consogras: Uma camuflada competição

Os pais e as mães dos filhos casados (consogros e consogras) também travam uma guerra surda. A mãe da mulher diz que a mãe do marido da filha é uma "perua" que quer aparecer o tempo todo, louca para se mostrar, ridícula, não sabe o lugar dela etc. O mesmo fala a mãe do marido sobre a mãe da mulher do filho. Elas fingem, se suportam socialmente, mas não têm o menor prazer em se encontrar. Quanto menos, melhor.

Da mesma forma são os pais do marido e da mulher. O pai do marido, segundo o pai da mulher, é um metido, quer aparecer, pensa que tem o rei na barriga. Ou então, ao contrário, é um vagabundo, um beberrão, não serve para nada, é um mau exemplo etc. As mesmas coisas diz o pai do marido sobre o pai da mulher do filho.

A guerra dos consogros e consogras tem fatores materiais determinantes. Às vezes, a briga é para ver quem dá mais coisas para o filho ou para a filha, para a casa do filho ou da filha, para o lazer etc.

Mas o problema surge mesmo quando vêm os netos! Aí os pobres netos são o álibi para a guerra. Se um dá um presente para o neto ou neta, o outro lá vem com um presente maior, melhor, mais caro, mais bonito. Se um avô leva a neta ou neto para o zoológico, o outro vai convidá-la(o) para o *parque de diversões mais famoso,* e assim por diante.

Quando uma das avós é prendada, bordadeira, gosta de costurar etc. e a outra não, é problema na certa! Lá vão as coisas que a vovó fez especialmente para a neta como um "tapa com luvas" na cara da outra avó. Quando uma avó faz a comida que os netos gostam, bolos, bifes especiais, docinhos etc. – tudo para conquistar os netos pelo estômago! –, a outra avó, pouco prendada na cozinha, vem com comidas prontas, no que é imediatamente ridicularizada pela primeira.

Situações mais dolorosas e constrangedoras ocorrem, no entanto, quando há diferenças muito grandes de poder econômico. Quando uma família é rica e a outra pobre, a guerra é tão desproporcional que nem vale a pena comentar neste livro...

O mesmo se dá entre os avós que moram perto e os que moram longe. Há uma natural ligação maior com os que as crianças mais vêem e há casos extremos em que as crianças nem sequer consideram os avós distantes como "verdadeiros avós", para desespero destes.

Sem dúvida, mais uma vez, a sabedoria primitiva da evitação deveria prevalecer também entre os civilizados. O melhor seria os consogros e as consogras nunca se encontrarem, nem falarem entre si, nem saberem da existência uns dos outros. Mas, como isso é impossível... *paciência!*

Capítulo XI

Quando além de parentes são vizinhos

Multiplique tudo por 10, quando além de parentes são vizinhos!

A vizinha-parente sempre pede a você tudo emprestado! A história do moedor de carnes é verídica:

> *– Toda semana, a minha vizinha e cunhada vinha buscar emprestado o meu moedor de carne. No começo, devolvia. Depois, foi ficando com o (**meu!**) moedor de carne na casa dela. Um dia precisei do moedor. Não achei. Lembrei-me de que deveria estar na casa da minha vizinha-cunhada. Resolvi ir buscá-lo. Quando passei debaixo da janela da cozinha da casa dela para pedir o moedor, eu a escutei dizendo à sua filha:*

– Lá vem a cunhada pedir emprestado de novo o moedor de carne!

Açúcar, sal, molho de tomate – vão e não voltam! Tesoura, amolador de faca, agulha, linha, toalhinha de bandeja – vão e não voltam!

Mas o pior mesmo é que quando você tem um parente-vizinho, precisa convidá-lo para todos os churrascos, aperitivos e almoços que você faz para seus amigos. Não é que você "tenha" de convidar. É que ele fica sabendo e vem logo dizendo:

– Oba! Quer dizer que teremos um churrasquinho no domingo...? Quer que eu ajude a acender o fogo?

E você não tem outra alternativa a não ser convidar o parente-vizinho!

Outra coisa horrível de ter um parente-vizinho é que você vira babá dos filhos da vizinha-cunhada. Eles vão ao cinema e pedem para você ficar *"só um pouquinho com as crianças..."*. E não preciso dizer – voltam depois da meia-noite porque resolveram "dar uma esticadinha" até a pizzaria, pois *"quando as crianças estão com vocês ficamos 'supertranqüilos'..."*.

O lado masculino dos parentes-vizinhos

Lá vai emprestado o meu conjunto de facas de churrasco que tanto estimo... A minha furadeira elétrica, a minha chave philips e tudo o que eu mais odeio emprestar...

E quando você tem piscina em casa e seu vizinho-parente não tem?! Aí o mais fácil é mandar aterrar a piscina, porque seus parentes serão membros permanentes e remidos do seu "clube". E como são parentes, não trazem toalha de banho nem sabonete, não enxugam o vestiário, e às vezes até pegam emprestado um calção "seco" seu, de preguiça de ir até a casa (vizinha) para buscar uma roupa deles. Isso tudo também quando não trazem para nadar em *sua* piscina, os amigos do vizinho-parente, coleguinhas das crianças-parentes-vizinhas etc.

Conheço uma família que, para se ver livre dos parentes-vizinhos, decidiu sair de casa todos os finais de semana, privando-se mesmo do uso da própria piscina e de seu pequeno campo de *futebol society*. Sabe o que aconteceu? Uma tarde de domingo chegaram em casa e deram com um verdadeiro "time de futebol" jogando bola e nadando. Era o parente-vizinho e seus amigos.

> *– Oi primo! Tinha certeza de que você não iria se importar de a gente dar uma jogadinha de bola e uma nadadinha na sua piscina. Afinal, ninguém vai tirar pedaços de nada...*

E nadar na sua casa virou programa obrigatório. E você, fica pra lá e pra cá, o tempo todo fazendo aperitivo, buscando carvão, acendendo o fogo, enquanto seu parente-vizinho está refestelado na espreguiçadeira que você mais gosta e ainda grita:

> *– Como é? Vai sair essa capirinha ou não vai?*

"Só mesmo vendendo a casa, mudando para um apartamento e não dando o endereço..."

disse-me o desolado vizinho
de um parente espaçoso.

Capítulo XII

Quando além de parentes são sócios

Desculpe-me o leitor, mas para este capítulo sugiro a leitura atenta do meu outro livro ***"Socorro! Tenho um Sócio"*** – editora HARBRA, SP.

> – *Este é o inferno na terra!* disse-me o sócio de um parente! *A mistura da sociedade, do dinheiro, com a emoção, com a fofoca familiar, com a competição entre as esposas e filhos, faz da vida de parentes-sócios uma coisa realmente insuportável.*

E quando os parentes são sócios numa "casa da praia" ou apartamento em qualquer lugar? Aí a coisa é feia!

São todos sócios iguais, mas... um só vai, toma conta de tudo, deixa até os chinelos e os pijamas da família inteira na casa, como se fosse só sua. Quando os demais sócios (parentes) vão, deparam-se com uma casa inteira montada de acordo com o gosto, preferências, equipamentos e utensílios do que "mais freqüenta".

Quando outro parente-sócio vai à casa da praia e vai ao supermercado fazer compras, logo o dono do supermercado fala:

> – *Não sabia que fulano (o nome do parente que mais usa a casa da praia) alugava a casa* ***dele...***

É claro que o parente que mais usa não só fica conhecido no local mas também diz para todo mundo que a "casa é só dele" e que às vezes ele "empresta" para uns parentes que gostam de praia...

E na hora de consertar as coisas quebradas, pintar, reformar, ampliar etc. *todos são sócios iguais* e toda a despesa é dividida entre os sócios-parentes, independentemente do uso da casa ou de quem quebrou isto ou aquilo.

Conheço o caso de três irmãos que compraram em sociedade uma chácara no interior. Veja o que aconteceu:

Tudo ia muito bem até que um deles resolveu comprar um cavalo para sua filha. O cavalo come, precisa de pasto, tratador, cuidados, arreios etc. O irmão, dono do cavalo, disse que como "todos poderiam andar no cavalo de sua filha" não seria justo ele arcar sozinho com as despesas de construção da cocheira, do tratador, da ração etc., uma vez que ele já estava comprando o cavalo sozinho, sem dividir com seus irmãos. Ocorre, porém, que sua filha, dona do cavalo, começou a ter um compreensível ciúmes de emprestar seu cavalo e, quando estavam todos na chácara, ela não saía de cima do animal. E assim, ninguém conseguia um tempo para andar no dito cavalo. Nos fins de semana em que a menina não ia à chácara, os demais primos aproveitavam e andavam no cavalo sem parar, galopando o tempo todo etc. O tratador começou a dizer para o pai da menina e para ela própria que os primos e primas *"judiavam demais do animal"* nos dias em que ela não estava lá. E, como qualquer empregado, ele também adorava ver uma briga de família; começou, então, a jogar um lado contra o outro na disputa pelo animal. A menina e seu pai proibiram o tratador de selar o cavalo quando os primos e primas pedissem.

Foi feita uma reunião de família. Ou todo o mundo usa o cavalo, ou então as despesas com o cavalo ficariam só com o dono, inclusive o salário do tratador. Não houve acordo! O dono do cavalo argumentou que ele não poderia arcar com todo o salário do tratador porque este, além de cuidar do cavalo, também fazia serviços para os outros irmãos e para a chácara em geral.

> – *Ele varre a grama – que é de todos!* – argumentou o irmão, dono do cavalo.

> – *Ele também vai buscar coisas que os outros pedem – não trabalha só para nós..."* – replicou a mulher do dono do cavalo.

Decidiram, por maioria de votos, que o cavalo não poderia ficar mais na chácara! O irmão vendeu o cavalo da filha após muito choro e ranger de dentes...

Três meses depois, um outro irmão, aparece na chácara com um cavalinho pampa para o seu filho de oito anos!

> – *Ele queria muito e eu comprei. Afinal, temos uma chácara para quê?*

Na marca, modelo e tipo de carro.
Nos vestidos das mulheres.
Nas viagens com a família.
Nos restaurantes que freqüentam.
Nos hotéis em que se hospedam...
Tudo é motivo de extrema competição
entre sócios-parentes, pois além de parentes,
o dinheiro sai de um lugar só.
E aí a convivência pacífica é quase impossível!

Ser sócio de alguém
não é fácil.

Ser sócio de um parente
é duas vezes mais difícil!

Não caia nessa tentação!!!

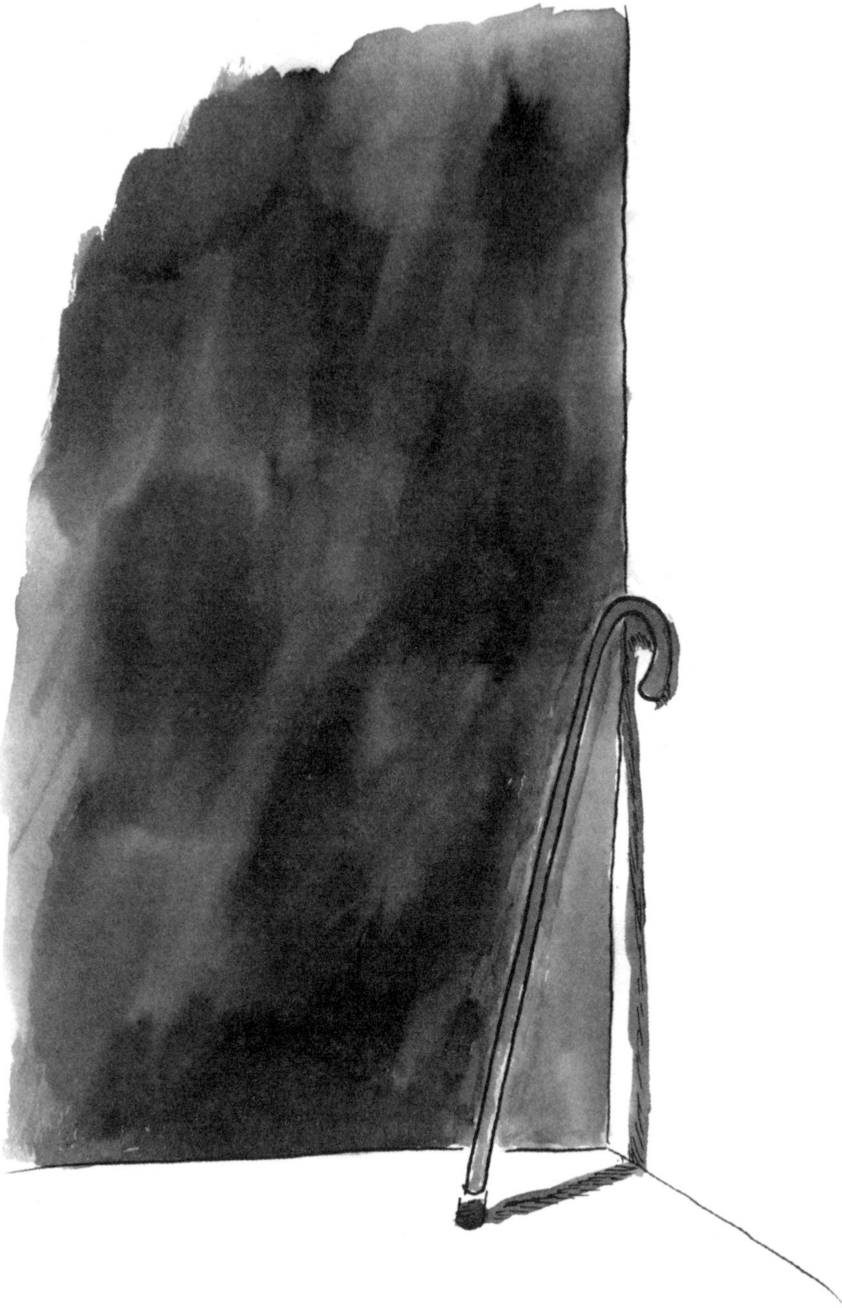

Capítulo XIII

Quem cuida dos velhos?

Este é um capítulo triste. Os parentes velhos – pais, mães, tios, avós – ficam literalmente jogados daqui para ali na maioria das famílias. Ninguém tem paciência com os velhos. Eles são considerados "chatos", "exigentes", "cheios de manias".

E quando os velhos não têm dinheiro, é muito pior. Por isso, disse-me um homem com sua sabedoria de 70 anos, não vou distribuir nada em vida para nenhum filho. Eles só tratarão bem de mim se eu tiver dinheiro para me sustentar. Pai velho e pobre o filho maltrata, a nora odeia, os netos ridicularizam. Pai velho, porém rico, o filho trata bem porque pensa na herança, a nora a mesma coisa e os netos esperam os presentes de sempre...

Quem paga a conta da farmácia? Quem paga os enfermeiros? No plano de saúde de quem vão ficar os velhos? Quem paga a faxineira da casa da velha mãe? Estas e muitas outras perguntas ficam sempre no ar.

E aqui também há uma guerra à parte. Se os velhos são pais ou parentes da mulher, o marido acha um verdadeiro absurdo ter de sustentá-los. Se são parentes do marido, a mulher acha um absurdo dar a eles alguma coisa "tirando de nossos filhos...".

Conheço muitos filhos e filhas que dão dinheiro e roupas para seus velhos pais e parentes idosos, escondido do cônjuge. Se o marido ou a mulher souber, está armada a guerra!

Há muitos filhos e filhas que visitam seus pais e parentes velhos escondidos de seus parceiros, por mais incrível que possa parecer.

Há também os que abandonaram totalmente seus pais depois de velhos – sem o menor drama de consciência! Nem visitar, nem ajudar, nem contribuir... nada! E, ainda por cima, os velhos pais "justificam" a atitude desses mal-agradecidos dizendo:

> *– Ele é muito ocupado... Ele é muito importante... Ele não tem tempo – trabalha muito, por isso não vem nos visitar!*

Conheço mães que justificam suas filhas mal-agradecidas dizendo:

> *– O marido dela é muito bravo e não deixa ela me visitar, por isso é que ela não vem... já faz cinco meses...*

Mas, também conheço filhos, filhas, genros, noras, sobrinhos, netos que são verdadeiros "anjos" para seus velhos parentes. Cuidam deles, visitam, levam presentes, e principalmente, acham tempo para "conversar" – que é a coisa que eles mais querem e de que mais precisam – atenção, carinho, apreço, consideração, afeto.

Capítulo XIV

Os filhos sem alma!

E, independentemente da idade dos pais e dos filhos, fico estarrecido ao ver como existem "filhos sem alma", verdadeiros algozes dos próprios pais, verdadeiros carrascos emocionais e até físicos com relação aos pais.

E quanto mais "carinhosos" foram os pais na infância e na adolescência, parece que os filhos mais abusam na idade adulta, mais os tratam mal, mais os humilham.

Conheço filhos que têm "vergonha" dos pais, pois têm pouca erudição ou educação formal. Durante a vida toda só trabalharam para poder educar o filho, hoje um "doutor" que tem vergonha de seus pais "ignorantes"...

Conheço filhas que "escondem" suas mães e pais de seus amigos e amigas. E o mais penoso é ver que esses pobres pais ainda "compreendem" seus filhos:

– Ele é muito importante hoje e como eu não tenho estudo, ele não quer que eu vá na casa dele quando tem visita... Ele tem razão, eu não sei conversar esses assuntos... – disse-me o pai de um executivo paulistano.

– Minha filha é muito bem casada e ela acha que eu vou atrapalhar se for na casa dela em dia de festa, porque eu não sei mesmo me portar com visitas importantes... – disse-me a mãe de uma "perua" casada com um empresário rico.

Nada é mais inadmissível na natureza humana do que um filho que tenha vergonha de seus pais. É preciso falar mais? Falar mais dessas pessoas seria dar-lhes uma importância e um valor moral que não têm. Apenas a sua aparência as faz pertencer ao gênero humano.

Capítulo XV

As festas em família

Aniversários, batizados, casamentos, são momentos de duas alegrias. Antes de ir, pensamos na delícia de estar com os irmãos, cunhados, primos, sobrinhos. Depois que fomos, nos arrependemos de ter ido: virou fofoca! Virou competição de novo! Virou troca de ofensas com ares de amizade, amor etc.

É claro que, às vezes, por alguma obra do acaso, isso não acontece. A festa fica gostosa mesmo. Mas, repare bem que essas ocasiões são minoria.

Casamentos

> – *Coitadinha. Ela nunca foi muito bonita mesmo. E agora empetecada desse jeito, parece um pavão se casando...,* diz a tia sobre a sobrinha-noiva.

– *Ele deu o golpe do baú mesmo!*, comenta o tio sobre o sobrinho que casou com a filha daquele empresário rico...

– *Vamos ver quanto tempo vai durar...*, dizem (ou pensam) todos os parentes quando o casamento é tido como de "sorte" para o parente que está se casando.

– *Eu é que não gastaria esse dinheiro todo numa festa de casamento!*, dizem os parentes quando o pai da noiva-parente faz uma festa de arromba no casamento da filha.

Batizados

– *Coitadinho. O nenê é "feinho" igual à mãe. Mas Deus não vê beleza...*

– *Nunca foram de religião e agora fazem este batizado só para inglês ver... Eu, se fosse o padre, nem batizava...*

Debutantes

É aniversário de 15 anos da menina no interior! É a língua afiada de toda a parentela em atividade máxima!

– *Não se faz mais festa de 15 anos. Isso é uma cafonice!*

– Esse negócio de "debutante" já acabou. É até feio gastar esse dinheirão todo para "mostrar a filha".

– Parece que está querendo "vender a filha" para os ricos da cidade! Coisa feia!

– Minha filha, que é mais inteligente, preferiu uma viagem...

Velório

Sei que velório não é comemoração... mas, para uma boa parte dos parentes, vira uma verdadeira "festa". Os comentários são:

– Ele judiou muito da mulher. Por isso sofreu tanto para morrer...

– Quem diria! Tanta "metideza" durante a vida e agora aí no caixão!

– Dizem que os filhos o abandonaram. Morreu de desgosto!

– Logo, logo ele arruma outra e casa. Você vai ver!

– Pensei que ela fosse chorar mais...

– Para ela foi uma verdadeira libertação a morte do marido... Agora ela vai começar a viver...

– Quem será que vai cuidar dele (o viúvo) daqui para a frente?

– Aquela ali – apontando com a boca torta para uma mulher que ninguém conhece –, *dizem que era um "caso" dele (do defunto) de muitos anos...*

– Ele batia nela...

– Morreu de desgosto por causa das dívidas do marido...

Aniversários

Nos aniversários das crianças é que a coisa é mais interessante. Vi uma prima que perguntou à outra:

– *Você vai no aniversário da filha da fulana? Como sempre, vai ter aquele bolo azul da padaria da esquina, umas tubaínas e aquela coxinha horrorosa de sempre... Ela não tem vergonha?! Se é para fazer uma festinha vagabunda como as que ela faz, é melhor nem fazer...*

Outra, eu pilhei falando o seguinte:

– *Lá vamos nós na festinha da fulana. Nunca vi uma menina tão mal educada! Ela vem logo perguntando do presente. Eu vou dar um bem baratinho – igual ao que ela deu para meu filho no ano passado. Acho que era de uma loja de R$ 1,99 de tão porcaria que era o brinquedo!*

Ao redor da mesa!

Se há uma coisa em que homens-parentes competem é no churrasco. Cada um sabe fazer o melhor, o mais macio. Um enche de sal grosso. Outro não coloca sal nenhum. Outro tem um tempero especial que não conta para ninguém. Outro assa a carne de um jeito especial em papel alumínio, saco de pão. Um espeta e outro diz que espetar a carne é um sacrilégio etc. etc.

Outro dia ouvi um amigo falando:

– Lá vamos nós amanhã no churrasco que meu cunhado vai fazer. O pior é que ele é um desastre na churrasqueira! Não há quem coma aquela carne que ele assa. E ele se acha um gaúcho dos pampas e diz que só ele sabe o "verdadeiro churrasco" que aprendeu quando menino em Uruguaiana. Acho que o professor de churrasco dele era vegetariano!

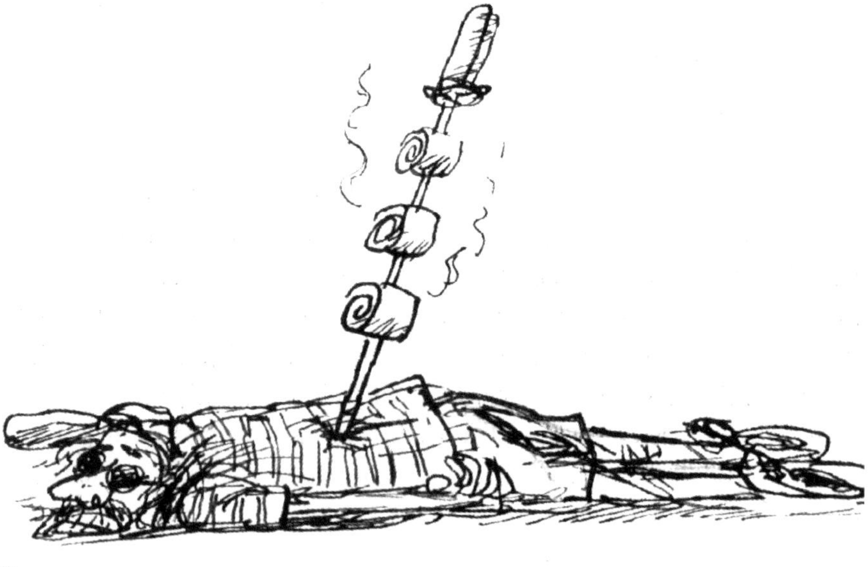

E a feijoada? A rabada? O peixe? Sempre tem um parente que se diz o "Rei" ou a "Rainha" de algum prato de que ninguém gosta! E ele(a) se acha o máximo e convida os parentes que vão só para falar mal depois:

– Meu Deus! Aquele porco acho que era uma centopéia! Na feijoada só tinha pés!

– Disfarcei e comi só um pouco daquela rabada! Era só pelanca!!!

– Não é por nada, mas não deixei meu filho comer aquele peixe! Só podia estar estragado de tão ruim que estava o gosto!

– O peixe era só espinha!!!

– E aquele molho, então???

– Fui para não fazer desfeita. Mas já sabia que seria um horror!!. Ela nunca soube cozinhar...

– E se acha uma "dona Benta"!

As festas em família são ótimas, desde que você vá preparado para o que der e vier em indiretas e frases ocultas. Na maioria das vezes, nem você sabe a razão de tanta agressividade velada. Jamais saberá! Alguém disse alguma coisa, outro comentou algum fato, alguém falou bem de seu filho para sua cunhada, alguém disse que sua filha é mais bonita que a de sua irmã, e assim por diante. Não queira saber as razões e os motivos. O motivo e a razão é que somos todos "parentes"!

Capítulo XVI

A herança: Quem fica com os pratos da mamãe?

Um amigo meu, de velha data, contou-me o que aconteceu depois da morte de sua mãe:

– Mamãe, que já era viúva, morreu. Morava sozinha numa imensa casa cheia de relíquias de várias gerações da família, tanto do lado dela quanto de papai. Até hoje não posso acreditar no que vi e no que aconteceu após a sua morte!

– Mal acabou o enterro e as cunhadas foram vistas em desabalada carreira para a casa da minha mãe, como meliantes fugindo da polícia! São cinco, as cunhadas. Somos todos irmãos homens. Nem disfarçar, disfarçaram! Começaram a abrir os armários. Do quarto à despensa, vas-

culharam tudo sem a menor cerimônia! A cada peça de roupa, de xales, era uma festa na luta pela divisão. De utensílios de cozinha a material de manicure, tudo era disputado com tanta veemência e falta de respeito, que comecei a me sentir mal!, continuou o velho amigo.

A disputa pela herança assume inúmeros níveis. Há as grandes heranças que são disputadas judicialmente, com ou sem testamentos válidos. Há as médias heranças que geralmente também têm a arbitragem de um advogado esperto – os parentes preferem confiar num advogado desonesto do que num parente –, e são igualmente complicadas, e há as pequenas heranças, em que os bens mais valiosos são coisas do cotidiano do falecido ou da falecida, como um carro usado, o telefone, a máquina fotográfica, a geladeira nova comprada há seis meses e o forno de microondas. Não importa o nível da herança – é guerra!

A maior briga, disse-me uma senhora muito fina, foi decidir *"quem fica com os pratos da mamãe".* Não que fosse nada valioso demais, mas como ela gostava muito daqueles pratos, todas as filhas queriam e aí não houve acordo. A solução foi desmanchar o aparelho completo de jantar dando um pouco de pratos para cada filha. Assim *"ninguém saiu ganhando"* disse-me ela...

Numa família que conheço resolveram optar pelo "sorteio" de tudo. Não preciso dizer que todos ficaram com o que não queriam!

– Você sim, teve sorte! Ficou com o tapete que eu mais queria...

– Só cai porcaria para mim!

– Alguém está roubando nesse sorteio!

A emenda ficou pior que o soneto. O que era para ser "solução" virou "problemão", porque em seguida o irmão que ficou com as coisas que o outro queria resolveu "vendê-las" sem o menor escrúpulo pela história dos objetos de família. E o irmão teve de comprar a herança do próprio irmão numa "feira de garagem".

Em uma partilha, a verdade é que o "nem eu nem você" prevalece. *"Se não vai ficar para mim, também não vai ficar para meu cunhado"*, disse-me um herdeiro cheio de ciúmes da velha máquina de escrever do seu pai. *"Aquele casaco de pele da mamãe, resolvemos vender e dividir o dinheiro – imagine se eu iria me conformar de ver minha cunhada com o casaco da minha mãe!"*

Para resolver esses problemas insolúveis, os americanos que são extremamente pragmáticos, desenvolveram uma nova profissão que já está chegando ao Brasil. Trata-se dos *"organizers" (organizadores)*. São pessoas especializadas em organizar coisas para os outros. Desde mantimentos numa despensa, roupas num *closet* ou armário, até livros numa biblioteca, ou mesmo pregos num quartinho de bagunça.

Uma vez eu estava em Nova York e no hotel onde me hospedei estava ocorrendo uma *"NAPO CONVENTION". NAPO* é a abreviação de *"National Association of Professional Organizers" (Associação Nacional dos Organizadores Profissionais)!* Eram mais de 5.000 congressistas!

A maior atividade desses profissionais segundo me contaram, é justamente "organizar heranças" de família. Como as famílias nunca entram em acordo e todos sentem extrema desconfiança em permitir que um parente vá cuidar do que sobrou, a família contrata um "organizador profissional" que vai à casa do falecido e separa tudo, coloca valor em tudo, expõe tudo e só depois do serviço feito, chama os familiares para que decidam o que fazer. E esses profissionais, por fazer esse tipo de serviço o tempo todo, já estão prestando assessoria às famílias sobre métodos e técnicas de divisão de heranças...

O problema é, pois, universal!
A decisão de quem fica com os pratos da mamãe
é difícil mesmo.

Acredite!

Capítulo XVII

Ruim com eles, pior sem eles... ou No fim, dá tudo certo!

A verdade é que ninguém vive sem parentes. Ruim com eles, pior sem eles. Na hora do desespero, da doença grave, do problema financeiro que ninguém esperava – queiramos ou não – todos nós recorremos aos parentes.

É claro que sempre iremos nos decepcionar. Mas, paciência. A vida é assim mesmo!

Falamos mal, xingamos, passamos raiva, ficamos tempos sem nos encontrar, juramos nunca mais voltar àquela casa e... de repente, estamos todos juntos novamente para uma nova rodada de guerras, fofocas, tensões etc.

Juramos que nunca mais vamos emprestar nada para ele(a) e... de repente, lá estamos emprestando tudo do mesmo jeito!

Prometemos que não vamos mais telefonar e... de repente lá estamos telefonando e convidando para sair juntos, almoçar, ir ao cinema etc.

Parente é ruim? Mas o que seria de nós sem nossos pais, mães, irmãos, irmãs, primos, primas, tios, tias, cunhados, sogros, noras e genros? A vida seria muito mais chata! Não teríamos tanta gente de quem falar mal. Não teríamos tanta gente tão próxima com quem competir. Não teríamos tanta gente para amar e odiar ao mesmo tempo.

Ruim com eles, pior sem eles!

A verdade é que, no fim, dá tudo certo.

Quem visitará nossa filha
quando a criança dela nascer?

Quem terá a paciência de ir
aos batizados de nossos netos?

Quem fará número na festa dos 15 anos?

Quem ficará com as crianças
em um dia de necessidade extrema?

Quem será fiador do apartamento?

Quem nos visitará no hospital
quando formos operados?

Quem, enfim, com certeza,
irá ao nosso enterro?

Vivam os parentes!

E digo mais.... Quem falar mal de um parente meu.... eu bato, esfolo e mato,
porque tudo o que está neste livro,
pode servir para qualquer família.

Menos para a minha!

Eu adoro os meus parentes!!!

Todos!!!

Sem exceção!!!

Alô, parentela...

Aquele abraço!!!

Capítulo XVIII

Agora é sua vez!

Meu caro leitor: este livro é "interativo", como quase tudo o que é moderno. Assim, as páginas que se seguem são "em branco" de propósito. É para que você complete este livro com a sua própria história e seus próprios casos de família.

Se você quiser, e puder, depois de escrever este capítulo, mande-me uma cópia, pois pretendo fazer um novo livro chamado:

"Socorram-me dos meus Parentes – O Retorno!"

com os "causos", histórias e "cases" dos leitores.

Mãos à obra! Aqui vai meu endereço:

Luiz Marins
Rua Manoel Affonso, 64
18090-550 – SOROCABA – SP
Telefone: (15)224-1090
Fax: (15)224-1488
E-mail: professormarins@sorocaba.com.br
Home page: www.anthropos.com.br

Apêndice

10 dicas para sobreviver com os parentes

Aqui vão 10 dicas para (literalmente) "sobreviver" com os parentes. Se você conseguir seguir estes conselhos, será um parente feliz.

Veja na página seguinte...

10 DICAS PARA SOBREVIVER COM OS PARENTES

Luiz Marins, Ph.D*

1. Lembre-se de que parente é isso mesmo!

2. Paciência!

3. Lembre-se de que não adianta brigar. Eles voltam. Você se arrepende. Você vai tentar de novo...

4. Paciência!

5. Lembre-se de que ele(a) é filho(a) de seus pais. Vocês são irmãos e que "devem" se amar... e se amar "como irmãos"! (sic)

6. Paciência!

7. Lembre-se de que você também vai ficar velho(a) um dia...

8. Paciência!

9. Lembre-se de que ele(a) se casou porque quis e foi ele(a) quem escolheu a(o) mulher(marido)... Agora que agüente!

10. Paciência!!!

---

* Direitos Reservados. Proibido copiar! (sic)